BEI GRIN MACHT SICH IHR WISSEN BEZAHLT

Bewegungserziehung: Vertrauensbildende Übungen mit 20- bis 30-Jährigen

Alexander Pietsch

Bibliografische Information der Deutschen Nationalbibliothek:

Die Deutsche Nationalbibliothek verzeichnet diese Publikation in der Deutschen Nationalbibliografie; detaillierte bibliografische Daten sind im Internet über http://dnb.d-nb.de abrufbar.

ISBN: 9783346668110
Dieses Buch ist auch als E-Book erhältlich.

Lehrprobe im Fach Bewegungserziehung

Thema:

Vertrauensbildende Übungen mit

20- bis 30-Jährigen

vorgelegt von:

Alexander Pietsch

Inhaltsverzeichnis:

I

1. Einleitung

Ein Vertrauensbildungsprozess beginnt, soweit er Beziehungen zu Menschen betrifft, mit dem „Urvertrauen" in der Mutter-Kind-Beziehung. Er erfolgt ständig und in (kleinen) Schritten und benötigt Zeit. Neue Situationen und neue Menschen können uns und unser Vertrauen das ganze Leben hindurch vor immer neue Herausforderungen stellen. Vertrauen muss erlernt werden. Dies gilt für das tägliche Miteinander im Familien- oder Freundeskreis bis hin zu Begegnungen zwischen nahezu fremden Menschen. Meistens bemerken wir dabei gar nicht erst, dass wir einer Person vertrauen, da dies nahezu alltäglich geschieht. Manches erfolgt bewusst, etwa bei einer Entscheidung für einen Arzt oder eine Therapiemethode, anderes unbewusst oder zumindest ohne ständiges Reflektieren, etwa beim Vertrauen auf die Entwicklung eines umfassend wirksamen Impfstoffes gegen Covid 19. Dabei geht es nicht nur darum, einfache Einschätzungen und situationsspezifische Erfahrungen mit Vertrauen in andere zu verfestigen. Ebenso wichtig sind im Lernvorgang die Erfahrungen, die alle Beteiligten mit sich selbst machen.

Diese prozesshafte Bildung von Vertrauen wird überwiegend an Beispielen von Partnerbeziehungen nachvollziehbar. Eins-zu-Eins Verhältnisse gibt es auch als besonderes Merkmal in der Physiotherapie[1]. Eine persönliche Beziehung wird in der Regel auf Basis wechselseitiger „(Vor-)Leistungen" aufgebaut. Wir tauschen Freundlichkeiten und Anerkennung aus, die uns materiell nichts kosten. Wir lassen auch Raum für Zurückweisung und durch sofortige und genau bemessene Erwiderungen entsteht auch Raum für Misstrauen und Unsicherheiten.

Vertrauen und seine Ursachen, Wirkungen und Zielerreichung umfasst weit mehr, als hier im Rahmen der Stundenplanung analysiert werden kann. Im Einzelfall können wir schwer rekonstruieren, welche Verhaltensweise Vertrauen oder Misstrauen hervorgerufen hat. Beispielsweise kann optimistisch vertrauensvolles Handeln mit passiv, resignativen Haltung verwechselt werden, in der der Partner willensschwach und unsicher alles mit sich machen lässt. Differenzierter zu betrachten sind die Prozesse, wenn wir die Vertrauensbildung in kleinen oder größeren Gruppen im Rahmen der Bewegungserziehung einbetten.

Diese Arbeit bildet die Grundlage für eine Lehrstunde im Fachbereich Bewegungslehre mit vertrauensbildenden Übungen mit 20- bis 30-Jährigen. Ich selbst gehöre zu dieser Altersgruppe, kann mich damit auch in die Vertrauensbildungsprozesse einfühlen und habe selbst schon in Teams mitgewirkt, beispielsweise im Sport und bei Praktika, sodass ich weiß, wie wichtig Vertrauen ist.

---

[1] So der Deutscher Verband für Physiotherapie: https://www.physio-deutschland.de/patienten-interessierte/physiotherapie/einsatzbereiche.html

2. Wissenschaftliche Betrachtung

Vertrauen ist variabel und kann in zahlreichen, verschiedenen Beziehungen zu Menschen oder in Dinge bestehen, ohne, dass wir es bemerken (vgl. Nölke 2009: 23). Auch wenn es keine allgemeinverbindliche Definition des Begriffs Vertrauen gibt, so beschreibt im alltäglichen Sprachgebrauch Vertrauen die Qualität einer persönlichen Beziehung (vgl. Petermann 2013: 11f.). Vertrauen in diesem Sinne ist ein Merkmal, dass das Verhalten eines Menschen gegenüber einer bestimmten Person oder Personengruppe prägt (vgl. Petermann 2013: 11). Wir spüren dabei nicht, dass wir vertrauen, weisen keine körperlichen Vertrauenssymptome auf, sondern vertrauen einfach (vgl. Hartmann 2011: 165). Dies umfasst auch das Vertrauen in sich selbst bzw. in die eigenen (Problemlösungs-)Fähigkeiten und in die Zukunft (vgl. Hartmann 2011: 275) Ein Mindestmaß an Vertrauen, ein „Urvertrauen" (Hartmann 2011: 63f.) in das Funktionieren der Welt müssen wir schaffen, damit wir unser tägliches Leben organisieren können (vgl. Nölke 2009: 23). Ohne dieses „Grundrauschen" (Nölke 2009: 23) könnten wir unseren Alltag schwerlich meistern.

Dabei stützt sich der Prozess des Vertrauensaufbaus auf die bisherigen Erwartungen und Erfahrungen (vgl. Luhmann 2014: 23 f.). Vertrautheit ist grundsätzlich Voraussetzung für Vertrauen (vgl. Nölke 2009: 26). Vertrautheit basiert primär auf der Vergangenheit. Vertrauen ist primär in die Zukunft gerichtet (vgl. Luhmann 2014: 23f.). Aber Vertrauen ist keine alleinige Folgerung aus der Vergangenheit. Wir kombinieren Informationen aus der Vergangenheit mit einer risikobasierten Bestimmung der Zukunft (vgl. Petermann 2013: 15f.). Wir geben einen Vertrauensvorschuss. Bitten um Hilfe und Feedback können Hinweise auf vertrauensvolles Handeln sein (vgl. Petermann 2013: 46). Vertrauen kann personales Vertrauen und Kompetenz-Vertrauen sein (vgl. Nölke 2009: 34). Vertrauen manifestiert sich im Verhalten (vgl. Nölke 2009:44) und im Moment der Vertrauensbildung wird die Komplexität zukünftiger Welt reduziert (vgl. Luhmann 2014: 27f.; vgl. Nölke 2009: 95). Der Vertrauende verhält sich so, als ob es in der Zukunft aller Wahrscheinlichkeit nach nur eine bestimmte Möglichkeit gäbe. Er hofft auf eine bestimmte Zukunft. Dies eröffnet Handlungspotential (vgl. Petermann 2013: 12), die ohne Vertrauen unwahrscheinlicher geblieben wären, ein sogenannter „Hebeleffekt von Vertrauen" (Nölke 2009: 28). Darin liegt der Gewinn des Vertrauens. Einer vertraut dem anderen, dass er Lagen meistert, und der andere hat aufgrund solchen Vertrauens größere Chancen, tatsächlich erfolgreich zu sein (vgl. Luhmann 2014: 31). „Der vertrauensvoll Handelnde blickt also optimistisch in eine Zukunft" (Petermann 2013: 12). Unser Vertrauen und unser Selbstvertrauen sind so miteinander verknüpft (vgl. Petermann

2013: 15). In der Kommunikation zwischen Menschen wird Vertrauen nur zum Teil ver-
balisiert. Jedoch sind auch non-verbale Indikatoren für vertrauensvolles Handeln wichtig
(vgl. Petermann 2013: 17). Vertrauen können wir schaffen, indem wir uns körpersprach-
lich auf den anderen einstellen (vgl. Nölke 2009: 84). Dies ist gerade bei der Physiotherapie von besonderer Bedeutung, da auch unmittelbare, mit körperlichem Kontakt verbundene Maßnahmen eingesetzt werden.

„Man kann Vertrauen nicht verlangen" (Luhmann 2014: 55) Vertrauensbeziehungen können wir nicht durch Forderungen anbahnen (vgl. Luhmann 2014: 55). Unser gegenseiti-
ger „Lernprozess" ist dabei nicht immer kontinuierlich wachsend. Wer Vertrauen erwer-
ben will, muss am sozialen Leben teilnehmen und in der Lage sein, fremde Erwartungen
in die eigene Selbstdarstellung einzubauen. „Selbstreflektion muss ohne Schönfärberei
erfolgen" (vgl. Nölke 2009: 92). Beispielsweise sind nicht alle Wünsche und Hoffnungen
der Teilnehmer immer erfüllbar. Das Vertrauen, die Leistung, die eingefordert wurde,
muss sich in der Praxis bewähren (vgl. Nölke 2009: 161). Vertraut der Teilnehmer nicht,
ist auch seine Bereitschaft zu aktiven, selbstständig ausgeführten Bewegungen bis hin
zu eigenständigen Übungen wesentlich geringer. Ein Vertrauensverhältnis ermöglicht
beispielhaft, dass der Teilnehmer sich gegenüber Übungselementen öffnet, Muskeln
sich an- oder entspannen, um Dehnungen erst zuzulassen, ein Erfolg sich einstellen
kann. Folgerichtig muss der Übungsleiter vertrauensvoll wirken, aufmerksam und zuversichtlich sein (vgl. Petermann 2013: 17). Das aufzubauende Vertrauen kann immer Störungen ausgesetzt sein. Erwartungen können sich verändern (vgl. Nölke 2009: 147),
auch Aspekte der Ungewissheit, des Risikos hinzukommen und die Möglichkeit der Ent-
täuschung (vgl. Petermann 2013: 11). Das Vertrauen kann beispielhaft Missverständ-
nisse, Ablehnungen, Eifersucht, Gefühle der Ausgrenzung ausgesetzt sein. Bei Gruppenübungen ist beachtenswert, dass die angestrebten Ziele auch vom Vertrauensklima
in der Gruppe abhängig sind. Die Vertrauensbereitschaft von Gruppenmitgliedern hängt
von der vermuteten Vertrauenswürdigkeit der Übungsleitung und der anderen ab. Vertrauen beruht u.a. auf Kompetenz und ist auch eine Frage der Gruppenzugehörigkeit
(vgl. Nölke 2009: 61). Wenn beispielsweise der Übungsleiter oder ein Teilnehmer etwas
leisten kann, was einem andern nützt, kann Vertrauen entstehen (vgl. Nölke 2009: 79).
Dies äußert sich u.a. in der Bereitschaft der Teilnehmer mehr oder weniger präzise An-
weisungen zu folgen und/oder Informationen über sich preiszugeben. Je größer die
Gruppe ist, sind auch die Mechanismen des Vertrauens untereinander und zum Übungsleiter komplexer; umso schwieriger kann sich die Herausbildung eines Vertrauensver-
hältnisses gestalten. Der vertrauensgebende Übungsleiter darf zwar fordern, aber die

3

Teilnehmer nicht enttäuscht im Stich lassen. Sonst ist das Vertrauensverhältnis untergraben (vgl. Nölke 2009: 159). Die Möglichkeit von Misserfolgen ist einzuplanen, ohne dass grundsätzlich entstandenes Vertrauen zerstört wird.

3. Lernziele der vertrauensbildenden Übungen

Vertrauensbildung ist kein Selbstzweck, sondern eine unverzichtbare Rahmenbedingung, der Schlüssel um die motorischen, kognitiven, affektiven und sozialen Ziele anzustreben. Beispielhaft werden mit vertrauensbildender Motivation des Übungsleiters kognitive und affektive Ziele definiert, durch Erreichung motorischer Ziele verstärkt und so die Teilnehmer langfristig für die damit verbundenen Erfolge begeistert. Die ausgewählten Übungen verfolgen das Ziel, das Vertrauen in sich selbst, in körperliche und mentale Fähigkeiten zu fördern. Das Vertrauen ist auch zwischen den Teilnehmern aufzubauen und zu festigen. Dabei ist zwischen Fern- und Nahzielen zu differenzieren.

3.1. Motorische Lernziele

Ziel ist die Verbesserung der motorischen Eigenschaften der Teilnehmer: Ausdauer, Kraft, Schnelligkeit, Koordination und Beweglichkeit. Vertrauen in die eigenen motorischen Fähigkeiten ermöglicht eine verbesserte Kontrolle des Körpers. Die untereinander verzahnten, koordinativen und konditionellen Fähigkeiten werden als Fernziel, beispielsweise bezüglich Kraftausdauer, Koordination und Schnelligkeit zwar nicht unmittelbar durch die ersten Übungen spürbar verbessert. Aber Nahziel ist es, diese Fähigkeiten zu erkennen, Vertrauen in die eigene Körperwahrnehmung zu stärken und damit die Grundlagen für eine positive Entwicklung der motorischen Fähigkeiten jedes Einzelnen zu legen. Dabei hat jede Übung das Ziel, durch gruppendynamische Faktoren, wie gegenseitiges Anfeuern und Loben, die Zielerreichung zu ermöglichen. Der Teilnehmer darf sich nicht zurückziehen, auch wenn seine motorischen Fähigkeiten Unterschiede zu anderen aufweisen. Insbesondere die Übungen Nummer acht und Nummer dreizehn verfolgen diese Ziele.

3.2. Kognitive Lernziele

Handlungen werden durch innere Erwartungen und Rollen kontrolliert und reguliert. Diese beruhen auf Informationsverarbeitung aus der Umwelt und dem Gedächtnisinhalt. Die Beherrschung von Variation, Verbesserung der Genauigkeit und die Gedächtnisleistung der Teilnehmer sind kognitive Ziele der Übungen. Mittels vertrauensbildender Übungen werden die kognitiven Fähigkeiten, die mit Wahrnehmung, Lernen, Erinnern,

Denken und Wissen in Zusammenhang stehen bis hin zu Akzeptanz verschiedener Charaktere in der Gruppe angeregt. Die beim einzelnen Teilnehmer und in der Gruppe gesammelten positiven Erfahrungen sollen zu neue Erwartungen und Einstellungen führen. Diese Form des Lernens beeinflusst so das Vertrauen in neuen Situationen positiv. Die anspruchsvollsten kognitiven Ziele haben die Gruppenübungen, die mit einer hohen gegenseitigen Abhängigkeit und der Notwenigkeit einer laufenden und schnellen Anpassung der Gruppe erfolgreich absolviert werden müssen. Dieses Lernziel wird vor allem mit den Übungen Nummer eins und Nummer sechs verfolgt.

3.3. Affektive Lernziele

Als affektive, auch unmittelbar erreichbare Übungsziele wird die Verbesserung des Vertrauens im Bereich von Gefühlen, Einstellungen und Werten angestrebt. Dazu wird vom Übungsleiter das erwartete Endverhalten ausformuliert, um eine Zielerreichung für alle Beteiligten transparent möglich zu machen. Um sich in eine soziale Gruppe einbringen zu können, sind gut ausgebildete Sinne wichtig. Emotionen und das Befinden werden auch über die Motorik ausgedrückt. Mittelbares Ziel ist eine Gruppenbildung, die gleichzeitig für alle Teilnehmer Schutz, Rückhalt und Verstärkung ermöglicht und so Selbst- und Fremdvertrauen verbessert; beispielsweise durch die Übungen Nummer elf und Nummer fünfzehn.

3.4. Soziale Lernziele

Ziel ist es, mit dem Ausmaß an Vertrauen das Handlungspotential des Vertrauenden wachsen zu lassen. Der Teilnehmer soll neues Verhalten wagen, etwa die Initiative im Umgang mit anderen Teilnehmern aus der Gruppe ergreifen. Soziales Lernziel der Übungen ist es, mögliche Ängste und Unsicherheiten durch gemeinsame Planungen, das Durchführen der Übungen und das erfolgreiche Lösen von Aufgabenstellungen abzubauen. Dabei ist Vertrauen eine unverzichtbare Grundlage und gleichzeitig Ziel. Dieses Ziel muss gegenseitig zunächst erlernt und aufgebaut werden. Geeignete Übungen, um dies zu erlernen, sind zum Beispiel die Übungen Nummer zwei und Nummer sieben.

3.5. Zusammenfassung der Lernziele

Ziel aller Übungen ist es, Vertrauensaufbau zu ermöglichen und prozesshaft zu verfestigen. Die Erreichung von Nahzielen in den Übungen, insbesondere im kognitiven, affektiven und sozialen Bereich, ermöglicht und begleitet die in der Regel längerfristigen motorischen Lernziele. Bewegung beeinflusst das körperliche und psychische Wohlbefinden. Dies wirkt sich wiederum auf das Selbstwertgefühl und das Selbstbewusstsein aus.

Dieses (Selbst-) Vertrauen wird wiederum von positiven sozialen Erfahrungen mit der Umwelt, hier durch die Gruppe verstärkt. Dieser untereinander verwobene Kreislauf, die gegenseitige Beeinflussung der Mittel zur Zielerreichung macht deutlich, dass eine Verzahnung der Übungsumgebung, des Vertrauensklimas und den Tätigkeiten des Übungsleiters sowie den selbständig durchgeführten Handlungen erforderlich ist. Diese Vertrauensbildung benötigt Zeit und Geduld. Alle Lernziele müssen auch von konstruktiver und partnerschaftlicher Kritik begleitet werden. Kooperation statt Konfrontation und eine objektive Beurteilung an Stelle von Herabwürdigung ist sehr wichtig.

4. Übungssammlung

4.1. Sortierspiel (vgl. Lühr 2020: 30)

Alle Gruppenteilnehmer stehen in einer zufälligen Reihe auf einer Bank. Sollte dies trotz Zusammenrücken nicht möglich sein, wird eine zweite Bank aufgestellt. Unter der Bank sind Matten ausgelegt, um das Verletzungsrisiko bei einem Abgleiten von der Bank zu minimieren. Der Übungsleiter teilt ein Kriterium mit, nach welchem sich die Gruppe sortiert, beispielhaft nach dem Geburtsjahr, beginnend mit der kleinsten Zahl nach vorne. Dann wird das Kriterium geändert, beispielsweise nach Körpergröße. Während des Sortierens können sich alle die Hände geben oder aneinander festhalten. Bei der Änderung der Reihenfolge darf kein Gruppenmitglied den Boden berühren, sonst ist in die Ausgangsreihenfolge zurückzukehren. Zur Vereinfachung kann eine zweite oder dritte Bank hinzugenommen werden. Durch das Vorgeben eines Zeitlimits kann der Schwierigkeitsgrad erhöht werden. Bei dieser Übung ist ein Zusammenarbeiten im Team unerlässlich. Jeder Teilnehmer muss sich drauf verlassen können, dass er von den andere stabilisiert wird. Nur so kann ein Runterfallen verhindert und das Ziel gemeinsam erreicht werden. Dadurch wird ein soziales und affektives Lernziel verfolgt. Die Abstimmung in der Gruppe, vor allem unter Zeitdruck, zielt besonders auf das kognitive Element. Die körperliche Bewegung und die benötigte Koordination unterstützten das motorische Lernen.

4.2. Mümmels (vgl. Gudjons 2003: 135)

Der Übungsleiter teilt jedem Teilnehmer einen Zettel mit einem Familiennamen inklusive der Familienrolle nach dem Zufallsprinzip aus. Alle Familiennamen klingen sehr ähnlich. Alle Teilnehmer laufen so lange durch die Halle, bis der Übungsleiter ein Signal gibt, durch deutliches Rufen die anderen Familienmitglieder zeitnah zu finden und sich an einem Ort in der Halle zu versammeln. Die Übung kann durch Erhöhung der Anzahl der

Familien oder Verwendung von andere Merkmalen, wie beispielsweise Tierarten, erschwert werden. Eine Erleichterung ist, die Anzahl der Familien zu reduzieren. Durch das laute Rufen bekennt sich jeder Teilnehmer zu seiner Familie und macht auf sich aufmerksam. Gleichzeitig muss er die andere nach den gerufenen Merkmalen zuordnen. Die Übung zielt so besonders auf soziale Lernzielen ab, gemeinsames Interagieren erhöht die Gruppenzusammengehörigkeit. Eine auf einander abgestimmte Koordination wird geübt.

4.3. Blindenführung (vgl. Brickmann & Treeß 1989: 82)

Die Gruppe teilt sich in Paare auf. Ein Partner muss den anderen, welcher die Augen geschlossen hat, an den Schultern durch die Halle leiten. Diese Übung lässt sich steigern, indem zum Führen nur ein kurzes Tippen auf die Schulter und den Kopf erfolgt. An den Schultern wird die Laufrichtung angegeben, am Kopf die Befehle zum Stehenbleiben oder zum Gehen. Eine weitere Steigerung ist die Zuordnung umzukehren, also ein Tippen auf die rechte Schulter mit dem Befehl nach links zu gehen zu verbinden. Erleichterung ist, wenn zusätzlich zum Tippen eine mündliche Erläuterung zur Laufrichtung erfolgt. Es ist eine Grundvoraussetzung, dass der führende Partner das Bewegungsumfeld dauerhaft im Blick behält und somit Gefahren ausschließt. Nach dem Absolvieren der Übung werden die Rollen getauscht. Diese Übung zielt besonders auf die kognitiven und affektiven Lernziele ab. Durch die Blindheit wird das Fremdvertrauen geschult und gestärkt. Es gilt auf seinen Partner zu vertrauen, um unbeschadet die Halle zu durchqueren. Zudem kann durch das Vertauschen der Begriffe die Gedächtnisleistung gestärkt werden, erst Recht, wenn die Übung unter einer Zeitvorgabe erfolgt.

4.4. Blindenruf

Ein Partner stellt sich blind und der andere übernimmt den sehenden Part. Der Sehende befindet sich einige Schritte vor dem Blinden und versucht, diesen durch Zurufe seines Namens zu leiten. Der Sehende kann jederzeit bei Gefahr einschreiten. Nach einigen Minuten erfolgt ein Rollentausch. Steigerungen sind durch Vergrößerung der Distanz oder Verwendung eines Synonyms anstatt des Namens möglich. Vereinfachungsmöglichkeiten sind die Verringerung des Abstands oder der Laufgeschwindigkeit. Durch die (gespielte) Blindheit ist eine schnelle Koordination von Gehör und Körper, die eigene Körperwahrnehmung im Raum und zum Partner wichtig. Diese Übung zielt damit besonders auf die affektiven und motorischen Vertrauensaufbau.

4.5. Blind im Kreis (vgl. Gudjons 2003: 118)

Die Teilnehmer stellen sich in zwei vergleichbar große Gruppen, aufgeteilt in zwei Kreisen auf, wobei jeweils ein Teilnehmer mit geschlossenen Augen in der Mitte steht. Ein Teilnehmer führt den Blinden an den Schultern durch den Kreis, ohne, dass er stolpert oder jemanden berührt. Dann bringt er den Blinden an den von ihm freigemachten Platz im Kreis. Der Führer stellt sich nun in die Mitte und schließt die Augen. Nun wird dieser von einem anderen durch den Kreis geführt und nimmt dann wiederum dessen Platz ein. Dies geht so lange, bis jeder Teilnehmer einmal in der Mitte stand. Steigerungsmöglichkeit ist, zwei oder drei Personen blind im Kreis zu führen, ohne Berührung der anderen. Durch das Vertrauen in den Führenden wird das gesamte Vertrauen in die Gruppe und das Gruppengefühl verstärkt. Der soziale Charakter wird geschult.

4.6. Eisenbahn (vgl. Bergmann 2021)

Es werden drei Eisenbahnen gebildet. Die Teilnehmer fassen sich hintereinander an die Schultern und schließen die Augen, bis auf den vordersten Mann, welcher die Schlange als eine Art Zugführer führt. Es gilt, die drei Eisenbahnen ohne Zusammenstöße untereinander durch die Halle zu manövrieren. Auf Signal des Übungsleiters reiht sich der vorderste Mann an den hintersten an, schließt die Augen und ein neuer Lenker übernimmt die Eisenbahn. Die Schwierigkeit wird verändern, indem die Geschwindigkeit erhöht oder reduziert wird oder beispielsweise Hinweise vom Führer zur Laufrichtung erfolgen. Es gilt nicht nur sich selbst im Raum zu führen, sondern auch zu bedenken, dass die anhängenden Personen mitgeführt werden und Fehler in der Gruppe hineinwirken Die Übung hat das Ziel, das Vertrauen in den Vordermann, den Zugführer und in die gesamte Gruppe zu stärken. Somit werden primär die kognitiven, zum Teil aber auch die affektiven und sozialen Lernziele angesprochen.

4.7. Zauberstab (vgl. Lühr 2020: 39)

Die Teilnehmer stellen sich in zwei Gruppen von Angesicht zu Angesicht in zwei Reihen auf. Zwischen Ihnen befindet sich auf den Boden ein langer Stab, welcher aufgehoben und dann langsam wieder abgelegt werden muss. Die Teilnehmer dürfen den Stab nur mit den Fingerspitzen des Zeige- und Mittelfingers einer Hand berühren. Alle müssen durchgehenden Kontakt zum angehobenen Stab haben, ansonsten muss von vorne gestartet werden. Erleichterungsmöglichkeit ist, wenn die Fingerspitzen des Zeige- und Mittelfingers der anderen Hand zusätzlich benutzt werden dürfen. Erschwerend kann zusätzlich die Absolvierung einer bestimmten Laufstrecke mit dem Stab festgelegt oder auch ein zu überwindendes Hindernis, wie eine Bank, eingebaut werden, ohne dass dabei ein gesteigertes Verletzungsrisiko entstehen darf. Bei dieser Übung sind die koordinativen bzw. motorische Fähigkeiten angesprochen. Alle Gruppenmitglieder müssen gleichzeitig, gemeinsam agieren, um die Aufgabe zu lösen. Vor allem aber zielt der Vertrauensaufbau auf die sozialen Ebene, um gemeinsam als Gruppe den Stab anzuheben.

4.8. Schoßsitz (vgl. Brickmann & Treeß 1989: 86)

Die Teilnehmer stellen sich in drei oder vier vergleichbar große Gruppen in einer Reihe auf. Die hintersten Teilnehmer sitzen auf einer Bank. Nun setzen sich die Teilnehmer der Reihe nach auf den Schoß des Hintermanns. Die Schultern des Vordermanns sind mit den Armen zu fixieren, um Stabilität zu erreichen. Haben sich alle erfolgreich hingesetzt geht nun der vorderste Teilnehmer nach hinten auf die Bank, so lange, bis jeder einmal der erste und letzte in der Reihe war. Dann formt die ganze Gruppe einen kleinen Kreis und jeder Vordermann setzt sich dann auf den Schoß des Hintermannes. Dabei gehen alle gleichzeitig in die Hocke, wahren gemeinsam die Stabilität und setzen sich dann zeitgleich hin. Beide Varianten lassen sich zusätzlich durch ein Verbot der Stabilisierung an den Schultern erschweren. Durch die körperliche Belastung wird besonders das motorische Element gefordert und durch die notwenige Koordination mit den anderen, das Vertrauen in die Gruppenteilnehmer. Somit wird zusätzliche das soziale und affektive Vertrauenselement angesprochen.

4.9. Ballwurf

Bei dieser Zweierübung stellen sich die Partner im Abstand von ca. zwei bis drei Meter gegenüber auf. Ein Partner schließt die Augen und der andere nimmt einen weichen Ball und wirft diesen auf Brusthöhe in Richtung des anderen, sodass dieser ihn fangen kann. Der Wurf erfolgt leicht und wird laut angekündigt. Zur Erleichterung kann anfangs auch mit offenen Augen oder mit geringerer Entfernung geworfen werden. Nach mehreren Würfen erfolgt ein Rollentausch. Diese Übung beansprucht und fördert durch die notwenige Koordination besonders das motorische Element. Zusätzlich ist das Vertrauen in den Werfenden unerlässlich. Durch ein erfolgreichen Fangen steigt das Vertrauen in sich und in den anderen und durch Wiederholen und Tauschen wird beidseitig das soziale Vertrauen vertieft und verfestigt.

4.10. Auf einem Bein (siehe Praxis-Jugendarbeit)

Bei diese Partnerübung wird ein Seil kreisförmig auf einer Matte ausgelegt. Die Personen stellen sich mit den Füßen in den Kreis und halten sich an einem Hula-Hoop Reifen,

9

der zwischen Ihnen ist, mit den Hände fest. Die Zehenspitzen sollten einander berühren. Nun lehnen sich beide gleichzeitig vorsichtig und kontrolliert nach hinten und stabilisieren sich. Diese Übung lässt sich erschweren, indem nun beide in die Knie gehen und wieder aufstehen. Zur Vereinfachung kann der Hula-Hoop-Reifen weggelassen werden und die beiden Partner fassen sich an ihre Hände. Die Reifen oder die Hände dienen als gemeinsame Basis und verdeutlichen nochmals die Verbindung und das notwendige Vertrauen. Durch das Verlassen auf den Partner wird das affektive und soziale Vertrauenselement gestärkt.

4.11. Tunnelsprint (siehe Bertelsmann Stiftung 2020)

Bei dieser Übung werden Dreier- bis Vierergruppen eingeteilt. Ein Teilnehmer je Gruppe rennt auf die anderen zu, während diese zueinander gewandt stehen, ihre Arme auf Schulterhöhe ausgestreckt halten und sich ihre Fingerspitzen berühren. Kurz bevor der Rennende mit dem Gesicht die Arme berührt, werden diese hochgezogen. Anschließend wird getauscht. Eine Steigerung ist möglich, indem der rennende Teilnehmer auch noch die Augen schließt. Die sehenden Teilnehmer achten darauf, dass sich niemand verletzt. Anschließend wird getauscht. Vereinfachen ließe sich die Übung mit durchgehend geöffneten Augen bei langsamem Laufen. Das Vertrauen in die Gruppe und in deren Handlung wird besonders gestärkt. Durch das Überwinden der Angst gegen die Arme in Gesichtshöhe zu laufen und dem Bewältigen der Situation kommt es zu einem positiven Erlebnis, welches mit der Gruppe verknüpft wird. Damit wird das Erreichen des sozialen und vor allem des affektiven Ziels gefördert.

4.12. Lavaboden (vgl. Lühr 2020: 9)

Die Teilnehmer müssen von einer Seite auf die anderen Hallenseite mit Hilfe dreier Matten kommen, ohne den Boden zu berühren. Kein Gruppenmitglied darf zurückgelassen werden. Wie die drei Matten eingesetzt werden bleibt den Teilnehmern überlassen. Ist die andere Hallenseite erreicht, wird die Gruppe in zwei gleich große Teile mit nun jeweils zwei Matten aufgeteilt. Es gilt wieder gemeinsam als neue Gruppe die andere Seite zu erreichen. Diese Übung kann erleichtert werden, indem noch mehr Matten zur Verfügung stehen. Erschwert wird die Übung durch ein Zeitlimit und/oder kleinere Matten. Bei dieser Übung wird durch die benötigte Koordination, Ausdauer und Schnelligkeit besonders das motorische System geschult. Durch das gemeinsame Arbeiten und Planen als Team und das damit verbundene Vertrauen in die einzelnen Teilnehmer, dass diese aufeinander Acht geben, wird u.a. das soziale Vertrauenselement gefördert.

4.13. Gemeinsames hüpfen

Alle Teilnehmer stehen an einer Hallenseite auf eine Linie auf demselben Bein und winkeln das andere an, sodass dieses nicht den Boden berührt. Nun fassen sie die Schultern des rechten und linken Nebenmannes und versuchen, möglichst stabil zu stehen. Die Gruppe muss zur anderen Seite gemeinsam hüpfend auf einem Bein gelangen. Die Übung kann durch Aufspaltung der Gruppe oder durch Erhöhung der Hüpfgeschwindigkeit verändert werden. Durch die körperliche Belastung, das koordinierte Hüpfen und das Anwinkeln des einen Beines wird das koordinative bzw. motorische Element besonders gefordert. Durch das gegenseitige Abstützen ist das gemeinsame Vorwärtskommen möglich, die Kette fungiert als geschlossene Einheit. So wird ein positives Gruppengefühl vermitteln, welches die affektiven und sozialen Vertrauenselemente stärkt.

4.14. Vertrauenslauf (siehe Praxis-Jugendarbeit)

Die gesamte Gruppe steht auf einer Linie, beugt sich nach vorne und berührt mit den Händen den Boden. Durch den großzügigen Abstand zwischen den Füßen und den Händen entsteht eine Art Brücke. Der vorderste Gruppenteilnehmer kriecht unter den anderen bzw. deren Brücken durch. Dabei sollte er weder seine Haut am Boden aufschürfen, noch an den anderen Teilnehmern hängen bleiben und diese verletzen. Wenn der erste Gruppenteilnehmer die Brücken unterquert hat, reiht er sich erneut in die Linie ein und bildet wieder ein Brückenelement. Nun begibt sich der nächste auf den Weg. Verändern lässt sich die Übung, indem die Brücke niedriger ausfällt oder das Tempo des Kriechens gesteigert wird. Durch die körperliche Anstrengung während des Halten der Brücke und das spätere Unterqueren dieser wird das motorische Element gefordert. Zudem muss ein starkes Vertrauen in die anderen Teilnehmer vorliegen, dass sich diese nicht plötzlich absinken lassen oder der Kriechende sich zu viel Zeit lässt. Dies stärkt und vertieft das Vertrauen in die anderen Teilnehmer bzw. die Gruppe, wodurch auch das soziale Element gefördert wird.

4.15. Fallenlassen (vgl. Gudjons 2003: 118)

Die Übung wird in Dreier- oder Vierergruppen mit jeweils pro Gruppe vergleichbaren körperlichen Voraussetzungen auf einer Matte durchgeführt, um mögliche Verletzungsrisiken auszuschließen. Eine Person steht in der Mitte der Matte, die anderen beiden Partner stehen sich ca. einen halben Meter vor dem Fallenden rechts und links gegenüber und halten sich an den Händen fest. Nun lässt sie der Fallende kontrolliert, möglich steif nach vorne, in die Arme der anderen beiden fallen. Diese fangen ihn auf. Traut sich der Fallende (noch) nicht, können die beiden Fangende näher herantreten. Eine Steigerungsmöglichkeit ist, wenn sich der Fallende nach hinten fällen lässt, wahlweise mit geschlossenen Augen. Bevor sich der Teilnehmer nach hinten oder vorne fallen lässt, sollte von ihm ein Starthinweis an die Fänger erfolgen. Es gilt besonders drauf zu achten, dass sich weder der Fallende noch die Fänger verletzen. Es findet eine gemeinsame Planung und Durchführung der Übung statt. Je nach Art des Fallens muss jeweils ein stärkeres Vertrauen aufgebracht werden, da der Fallende die gesamte Kontrolle über seinen Körper abgibt und sich völlig auf seine Fänger verlässt. Durch die geschlossenen Augen wird dies nochmals verstärkt. Dies dient besonders zum Aufbau affektiven und zum Teil auch sozialen Vertrauens. Es kommt zur deutlichen Stärkung und Vertiefung des Vertrauens aus den vorherigen Übungen.

5. Gruppenbeschreibung

Die Gruppe setzt sich aus 20 Teilnehmern und der Leitung der Gruppe zusammen. In der Gruppe sind männliche und weibliche Personen im Alter zwischen 20 und 30 Jahren. Die Teilnehmer sind alles freiwillige, neue Mitglieder des „Technischen Hilfswerk" (THW). Sie sollen zukünftig gemeinsam bei Rettungsaktionen im In- und Ausland bei Bergungen von Personen, etwa bei der Suche nach Verschütteten nach Erdbeben eingesetzt werden. Ziel der Übungsstunde aus Sicht des THW ist das gegenseitige, vertiefte Kennenlernen, sowie das Aufbauen und Festigen von Vertrauen. Bei den späteren Einsätzen müssen die Teilnehmer körperlich fit sein, auch in Notsituationen sich selbst und den anderen bzgl. der körperlichen Belastbarkeit und sonstigen Fähigkeiten vertrauen können. Sie werden nach Vorerkrankungen, Verletzungen, Tragen von Brillen, Kontaktlinsen oder medizinischen Hilfsmittel, wie Hörgeräte und Herzschrittmachern gefragt, wobei keine vorliegen. Belastungs- und Bewegungseinschränkungen beispielsweise aufgrund von Operationen werden abgefragt, wobei auch hier keine vorliegen.

6. Rahmenbedingungen

Die Trainingseinheit findet im Frühjahr in einer mittelgroßen beheizten Turnhalle statt. Die Halle ist hell, verfügt über einen Schwingboden, eine große Uhr und vielfältige Hilfsgeräte wie Bänke, Hula-Hoop-Reifen, Bälle, Seile, Stangen und Matten, welche in ausreichender Anzahl vorhanden sind. Der Gruppe ist die Einrichtung grundsätzlich von anderen Sportangeboten bekannt. Trotzdem wurden nochmals die Rettungswege erklärt und Notausgänge aufgezeigt, welche zusätzlich ausgeschildert sind. Ein Erste-Hilfe-Koffer ist vor Ort, wie auch die Rufnummern von Rettungseinrichtungen. Es gibt Toiletten und Umkleideräume, welche genutzt werden können. Die Teilnehmer erscheinen vollständig und pünktlich in geeigneter Sportbekleidung mit Hallenschuhen. Aus Sicherheitsgründen ist Schmuck abzulegen, Piercings sind abzukleben und lange Haare zusammenzubinden. Nicht benötigtes Material ist aus dem Weg geräumt worden und sicher am Rand verstaut. Alle Materialien sind vor dem Stundenbeginn desinfiziert worden und werden dies erneut nach deren Benutzung. Es wird davon ausgegangen, dass ein Corona-bedingtes Tragen von Masken nicht erforderlich ist.

7. Stundenplanung

Das Stundenziel ist es, sich der eigenen (motorischen) Fähigkeiten bewusst zu werden und dabei Vertrauen in die anderen Teilnehmer, in die gesamte Gruppe und in sich selbst aufzubauen, zu festigen und zu vertiefen. Dies beinhaltet eine Gestaltung einer angenehmen Stundenatmosphäre, methodische Aufbereitung von Informationen zu den Übungen, die Sicherung von Erfolgserlebnissen, das Feedback zwischen allen Beteiligten, insbesondere zur Selbstverstärkung der Erfolge, des Selbstvertrauens und des Fremdvertrauens, auch in den Übungsleiter. Die Übungen sind klar und transparent zu beschreiben und die damit verbundenen Ziele zu erläutern. Die Teilnehmer sind direkt anzusprechen. Der Gruppenleiter agiert zugewandt, zuversichtlich und lobend. Störungen sind vorrangig zu behandeln, auch kleine Entwicklungsschritte zu würdigen. Bei Misserfolgen ist zu vermitteln und zu unterstützen. Die Kommunikation ist der Altersgruppe anzupassen und auf die verbale und non-verbale Kommunikation innerhalb der Gruppe ist zu achten.

Teil 1: Einleitung: ca. 15 Minuten

Der Übungsleiter begrüßt die Teilnehmer und erläutert den Ablauf der Übungseinheit, einschließlich der Ziele. Anschließend beginnt die erste Übung zur Auflockerung der Stimmung mit Kontakten der Teilnehmer untereinander und um das Agieren in und als Gruppe anzuleiten. Die erste Übung ist die oben genannte Übung Nummer eins. Nach Erläuterung der Übung durch den Übungsleiter stellen sich alle Teilnehmer sortiert nach dem Alter auf die Bänke. Verbleibt noch genügend Zeit, sollen sich die Teilnehmer auch nach der Körpergröße sortieren.

Teil 2: Hauptteil: ca. 30 Minuten

Der Hauptteil setzt sich aus drei Übungen zusammensetzt. Die Bänke und Matten aus der Einleitungsübung werden weggeräumt. Die erste Übung ist oben genannte Übung Nummer neun Die Gruppe teilt sich in Paare großflächig in der Halle auf. Jedes Paar bekommt einen weichen Ball. Der Übungsleiter erklärt nun die Regeln und betont, dass ein vorsichtiges und kontrolliertes Werfen, wie auch das rechtzeitige und deutliche Ankündigen des Wurfes wichtig ist. Dann schließt der eine Partner die Augen und bekommt den Ball vorsichtig und gezielt zugeworfen. Hat er den Ball wiederholt fangen können, tauschen die Partner.

Die zweite Übung ist die oben genannte Übung Nummer elf. Nach Aufteilung in Dreier- bis Vierergruppen erklärt der Übungsleiter den Ablauf und weist auf die Risiken hin. Den Teilnehmern werden die Variationsmöglichkeiten erklärt, welche sie selbständig anwenden können.

Die dritte Übung ist die oben genannte Übung Nummer fünfzehn. Für diese Übung werden die zuvor an den Rand geräumten Matten und weitere benötigt. Die Gruppen aus der vorherigen Übung bleiben bestehen. Der Übungsleiter betont, dass eine hohe Konzentration bei den Fängern notwendig ist und er zeigt die genaue Technik, wie der fallende Partner am besten aufgefangen werden soll und wie weit entfernt die Fänger stehen sollen. Die Gruppen begeben sich auf ihre Matten und führen die Übung durch. Dabei ist ihnen selbst überlassen, wie schnell und wie stark sie sich steigern möchten. Dabei rotieren die Teilnehmer innerhalb der Gruppe, sodass sich jeder mehrmals kontrolliert fallenlassen kann. Der Übungsleiter geht umher und korrigiert mögliche Fehler und gibt Hilfestellungen bei allen, aber insbesondere bei dieser Übung, da bei dem nach hinten Fallen ein deutlich erhöhtes Verletzungsrisiko bestehen kann.

Teil 3: Ausklang: ca. 15 Minuten

Der Ausklang dient dazu, das aufgebaute Vertrauen nochmals zu festigen und die Gruppe aus der Halle mit einem guten Gefühl zu verabschieden. Die zuvor benötigten Matten werden gereinigt und sicher verstaut, sodass sich keine Hindernisse in der Halle befindet. Als letzte Übung erfolgt die oben genannte Übung Nummer drei Der Übungsleiter erklärt den Ablauf inklusive möglicher Variationsmöglichkeiten. Die Teilnehmer werden nochmals darauf hingewiesen, dass die Umgebung im Auge behalten werden soll und sie vorsichtig mit dem Partner umzugehen haben. Anschließend gehen die Teilnehmer als bereits bekannte Paare aus der Übung eins des Hauptteils zusammen. Der eine Partner führt den blind gestellten vorsichtig durch verschiedene Impulse durch die Halle. Anschließend tauschen die Partner. Die Partner können sich kurz während des Tausches über ihre Bewertung der Übung austauschen; insbesondere, ob sich etwas im Vergleich zum Einführungsteil verändert hat. Nachdem jeder Partner einmal den blinden Part übernommen hat, versammelt sich die Gruppe nochmals. Die Stunde wird kurz besprochen, vor allem mit Rückmeldungen der Teilnehmer untereinander, da diese zukünftig vertrauensvoll als Gruppe agieren müssen. Das gewachsene Vertrauen untereinander ist noch einmal zu thematisieren. Dass vom Einzelnen erlebte Vertrauen muss in die Gruppenbewertung eingeordnet werden. Es gilt die Erfolge hervorzuheben und abzufragen, wie stark das Vertrauen gewachsen ist.

8. Stundenverlaufs – Organisationsplan

Name: Alexander Pietsch

Thema der Lehrprobe: Vertrauensbildende Übungen mit 20- bis 30- Jährigen

Zeit	Bewegungsausmaß oder Sachbeschreibung	Methodischer Weg	Organisation
Teil 1 Einleitung: (ca. 10 Minuten)			
Ca. 2 Minuten	Begrüßung, kurze Eigenvorstellung, und Stundenablauf erklären.	Freundlicher Empfang, direkte Ansprache der Teilnehmer, Zielerläuterung.	Teilnehmer legen Sachen ab und stellen sich auf.
Ca. 8 Minuten	1. Übung : „Sortieren auf der Bank": Interaktion zwischen den Teilnehmern durch Austausch der Altersangaben, leichte körperliche Aktivität durch Balancieren auf Bank .	Anleiten zur Sortierung und je nach Dauer die Nennung neuer Parameter. Auf Bodenberührung achten und Empfinden der Teilnehmer bei körperlichen Berührungen auf der schmalen Bank.	Aufstellen von zwei Bänken nebeneinander und unterlegen mit Matten und Angaben der maximal zur Verfügung stehenden Zeit.
Teil 2 Hauptteil: (ca. 30 Minuten)			
Ca. 8 Minuten	2.Übung: „Ball werfen": Interaktion zwischen zwei Partnern mit Rollenwechsel. .Koordinierung der Fähigkei-	Anleiten zum Werfen von einem und Fangen durch andern Teilnehmer mit geschlossenen Augen. Rollentausch einplanen. Hinweise auf	Die Matten und Bänke wurden weggeräumt. Gruppe verteilt sich in Paare großflächig in der Turn-

15

	ten situationsangepasst zu werfen und blind zu fangen.	Wurfrichtung, Härte und Wurfankündigung .	halle. Unterstützung bei wegrollenden Bällen.
Ca. 10 Minuten	3. Übung: „Tunnelsprint": Schulung von Motorik Abschätzen, wann ein rechtzeitiges Heben der Arme erfolgen muss. Abbau der Angst, blind auf ein vermeintliches Hindernis zuzulaufen und Aufbau des Vertrauens in Gruppe.	Anleiten, wie sich zwei bis drei Partner gegenüber aufstellen und wann die Arme zu heben sind. Einen benennen, der auf diese zurennt. Rollentausch und je nach Zeitablauf Wechsel der Laufgeschwindigkeit einplanen.	Aufteilung der Teilnehmer in Dreierbis Vierergruppen mit ähnlichen Körpermaßen. Gruppen großflächig in Turnhalle verteilt.
Ca. 12 Minuten	4. Übung: „Fallenlassen": Besonders anspruchsvoll. Vertrauen stärken und vertiefen in die Gruppe. Kraft zum Auffangen aufbringen und Fähigkeit, sich steif fallen zu lassen.	Anleiten und ggfs. vormachen, wie sich ein Teilnehmer steif, kontrolliert nach vorn oder nach hinten fallen lässt. Erklären, wie etwa einen halben Meter dahinter der Rest der Gruppe ihn vorsichtig und kontrolliert auffängt. Rollenwechsel einplanen.	Jede Gruppe holt sich eine Matte. Auf diese wird die Übung durchgeführt. Die Gruppen bleiben die gleichen. Es ist auf ausreichend Abstand zwischen den Gruppen zu achten.
Teil 3: Ausklang: (ca. 15 Minuten)			
Ca. 10 Minuten	5. Übung: „Blindenhund": Vertrauensbildung in den (bekannten) Partner – Festigung des Vertrauens aus vorhe-	Anleiten, wie ein Partner den anderen, welcher die Augen geschlossen hat, durch die Halle führt, ohne mit anderen zu kollidieren.	Die Matten und andere werden aus dem Weg geräumt. Es liegen keine Hindernisse auf dem Boden. Die Teilnehmer teilen

	rigen Übungen, insbesondere das Vertrauen, blind zu laufen.	Veränderung der verschiedenen Impulse zum Richtungswechsel zum Stoppen oder gehen einbauen.	sich in Pärchen auf, wie bei der zweiten Übung.
Ca. 5 Minuten	Kurzes Resümee mit Hervorhebung der Erfolge und des gewonnen Vertrauens.	Die Teilnehmer nach Erlebnissen und Veränderungen befragen. Gruppe mit einem positiven Gefühl und deutlich gestärkten Selbst- und Fremdvertrauen aus der Stunde gehen lassen.	Die Teilnehmer versammeln sich nochmal kurz zusammen, im Kreis sitzend. Desinfizieren der genutzten Marialien und aufräumen.

9. Literaturverzeichnis

9.1. Bücher

Brinckmann, A., Treeß,U. (1989): Bewegungsspiele – Sozialarbeit Freizeitgestaltung Sportunterricht Hamburg: Rowohlt Verlag

Gudjons, H. (2003): Spielbuch Interaktionserziehung 7. Auflage. Bad Heilbrunn / OBB.: Verlag Julius Klinkhartdt

Hartmann, M. (2011): Die Praxis des Vertrauens Berlin: Verlag Suhrkamp

Luhmann, N. (2014): Vertrauen 5. Auflage Konstanz / München: UVK Verlagsgesellschaft mbH

Lühr, H. (2020): 40 kooperative Spiele für den Sportunterricht 2. Auflage. Wesel

Nölke, M. (2009): Vertrauen Freiburg / Berlin / München: Haufe Mediengruppe

Petermann, F. (2012): Psychologie des Vertrauens 4. Auflage Göttingen: Hogrefe Verlag GmbH & Co. KG

9.2. URL / Internetquellen

Bergmann, P. (2021). Vertrauensspiele für Kinder und Erwachsene, Eisenbahn. Zugriffe am 12.02.2021 unter: https://teambuilding-spiele.de/teambuilding-uebungen/

Bertelsmann Stiftung (2020). TeamUp! Übungen zur Teamentwicklung 2, Tunnelsprint (Vertrauenslauf). Zugriff am 02.03.2021 unter: https://www.bertelsmann-stiftung.de/fileadmin/files/Projekte/TeamUp/UEbungen_zur_Teamentwicklung_-_Tunnelsprint__Vertrauenslauf_.pdf

Deutscher Verband für Physiotherapie (ZVK) e.V. (2021). Einsatzbereiche, Zugriff am 20.02.2021 unter: https://www.physio-deutschland.de/patienten-interessierte/physiotherapie/einsatzbereiche.html

Praxis Jugendarbeit (2021). Vertrauensspiele - Spiele zum Thema Vertrauen, Zugriff am 04.03.2021 unter: https://www.praxis-jugendarbeit.de/spielesammlung/spiele-vertrauen.html